デイリーからお出かけまで
毎日着せたい
ベビー♥ニット

岡本啓子

はじめに

会えるその日を夢見ながら、一針一針ゆっくりと針を動かすお母さん。

私が子どもにはじめて編んだニットはイニシャル入りのベストでした。

そのころ、ベビーは、決まったように男の子は水色、

女の子にはピンクが定番でした。

髪の色が黒い日本人には似合わない色目だと思っていました。

そこで私はあえて大人っぽい配色の編み込みセーターや

カーディガンを作っていました。

今回ベビーのニット本のお話をいただいて、

当時の懐かしい記憶が蘇りました。

一点一点心を込めてデザインした本です。

手に取っていただいた方々の心に残る本になれば幸いです。

岡本啓子

Contents

はじめに ……………………………… p.3

- A　ベビーベスト ……………… p.6 〔p.40〕
- B　ベビーパンツ ……………… p.6 〔p.42〕
- C　ロンパース ………………… p.8 〔p.44〕
- D　丸ヨークベスト …………… p.10 〔p.47〕
- E　レッグウォーマー ………… p.11 〔p.49〕
- F　サックコート ……………… p.12 〔p.50〕
- G　パンツ ……………………… p.14 〔p.53〕
- H　ベビー帽子 ………………… p.16 〔p.56〕
- I　ベビーシューズ …………… p.16 〔p.57〕
- J　ベビーポンチョ …………… p.18 〔p.58〕
- K　おくるみ …………………… p.20 〔p.60〕
- L　ボレロ ……………………… p.22 〔p.62〕
- M　カーディガン ……………… p.24 〔p.65〕
- N　ベビードレス ……………… p.26 〔p.69〕

O ヘアバンド ……………… p.26 〔p.73〕

P コート ……………… p.28 〔p.74〕

Q ミトン ……………… p.29 〔p.78〕

R ニギニギ ……………… p.30 〔p.79〕

※〔 〕内は編み方ページ

■ 基本的な用具 ……………… p.32

■ この本で使用した毛糸 ……………… p.33

■ 棒針編みの基礎 ……………… p.34

　一般的な作り目／表目／裏目／かけ目／すべり目／伏せ目／伏せ目（裏目）／
　左上２目一度／右上２目一度／左上２目一度（裏目）／右上２目一度（裏目）／
　中上３目一度／ねじり増し目（右側）／ねじり増し目（左側）／糸を横に渡す編み込み／
　ボッブル編み／縞模様の配色糸の替え方／すくいとじ／引き抜きとじ／メリヤスはぎ／
　かぶせはぎ／目と段のはぎ／１目ゴム編み止め（往復編みの場合）／
　１目ゴム編み止め（輪編みの場合）／別鎖の作り目

■ 編み地と記号図／製図の見方 ………… p.37

■ かぎ針編みの基礎 ……………… p.38

　鎖編み／細編み／中長編み／長編み／輪の作り目／鎖目の拾い方／
　細編み２目一度／細編み２目編み入れる／長編み２目一度／長編み３目編み入れる／
　引き抜き編み／長編み３目の玉編み／長編み５目の玉編み／長編み２目の玉編み

■ 刺しゅうの基礎 ……………… p.39

　ストレート・ステッチ／クロス・ステッチ／フレンチノット・ステッチ／
　ボタンホール・ステッチ／サテン・ステッチ

◎口絵ページのモデルは、赤ちゃんは４か月で身長63cm、双子ちゃんは１歳11か月で身長82cmです。

A

ベビーベスト

あえてグレイッシュな色合いがかわいい。
ベストとパンツで寒い冬をぽかぽかと。
ベストは脱ぎ着しやすい前開きタイプ。

- サイズ ｜ 80〜85cm
- 糸 ｜ ハマナカ かわいい赤ちゃん
- 編み方 ｜ [ベビーベスト] 40ページ・
  [ベビーパンツ] 42ページ

B

ベビーパンツ

C

ロンパース

上下がつながったロンパースは、
お腹を冷やしません。
動きの活発な赤ちゃんに最適。

- サイズ：50〜60cm
- 糸：ハマナカ かわいい赤ちゃん
- 編み方：44ページ

D

丸ヨークベスト

ガーター編みの丸いヨークがポイント。
赤ちゃんの小さな肩をそっと包んでくれそう。

- サイズ：60～70cm
- 糸：ハマナカ ねんね
- 編み方：47ページ

E

レッグウォーマー

お出かけ時におすすめなレッグウォーマー。
かわいいあんよをカバーしましょう。

- サイズ｜6か月〜1歳
- 糸｜ハマナカ ねんね
- 編み方｜49ページ

F

サックコート

ガーター編みがかわいらしさを
かもしだすコート。
フードがついて防寒にもなります。

- サイズ｜80〜85cm
- 糸｜ハマナカ ねんね
- 編み方｜50ページ

G

パンツ

お外で元気一杯に遊べるパンツ。
しりもちをついても大丈夫なしりあてつき。

- サイズ｜80〜85cm
- 糸｜ハマナカ ねんね
- 編み方｜53ページ

a

ベビー帽子

ベビーシューズ

ツートンカラーがかわいい帽子とシューズ。
シューズはブーツ形のデザインに。

- サイズ：帽子42cm　シューズ9cm
- 糸：ハマナカ かわいい赤ちゃん
- 編み方：[ベビー帽子] 56ページ・
  [ベビーシューズ] 57ページ

ベビーポンチョ

かぶせるだけで着せられて
暖かいポンチョはとても重宝します。
編み方も簡単です。

- サイズ｜6か月～1歳
- 糸｜ハマナカ ねんね
- 編み方｜58ページ

K
おくるみ

ミルクタイムに、
そっとベビーを包むおくるみ。
おむつ替え時でも温か。

- サイズ：直径90cm
- 糸：ハマナカ かわいい赤ちゃん
- 編み方：60ページ

ボレロ

かぎ針編みで気軽に編めちゃう。
お花のモチーフを飾って、ちょっぴりお姉さんに。

- サイズ：85～90cm
- 糸：ハマナカ アメリー・ねんね
- 編み方：62ページ

M
カーディガン

オーソドックスな編み方のカーディガンと、
ベースは同じ編み方に玉編みを編み込んだもの、
幾何学模様に糸替えしたものなど工夫したものです。

- サイズ：85〜90cm
- 糸：ハマナカ ねんね
- 編み方：65ページ

N O

ベビードレス　　ヘアバンド

退院のときやお宮参りなど
セレモニーで着せたいドレス。
身頃下部分を取るとカーディガンとしても。
お花のモチーフのヘアバンドでおめかし。

- サイズ｜50～80cm
- 糸｜ハマナカ かわいい赤ちゃん
- 編み方｜[ベビードレス] 69ページ・[ヘアバンド] 73ページ

P

コート

お出かけに着せたい暖かなコート。
衿と胸のリボンがポイント。
おそろいの糸でミトンも。

- サイズ：80〜85cm
- 糸：ハマナカ アメリー
- 編み方：74ページ

Q

ミトン

- サイズ：80〜85cm
- 糸：ハマナカ アメリー
- 編み方：78ページ

R

ニギニギ

細編みだけで編んで、お顔は刺しゅう。
ベビーのはじめてのおともだち。

糸 | ハマナカ ねんね
編み方 | 79ページ

How to make

赤ちゃん用のベストやパンツは、
小さくてかわいいですね。
肌にやさしい毛糸で
編んでみましょう。

◎口絵ページのモデルは、
　赤ちゃんは4か月で身長63cm、
　双子ちゃんは1歳11か月で身長82cmです。

基本的な用具

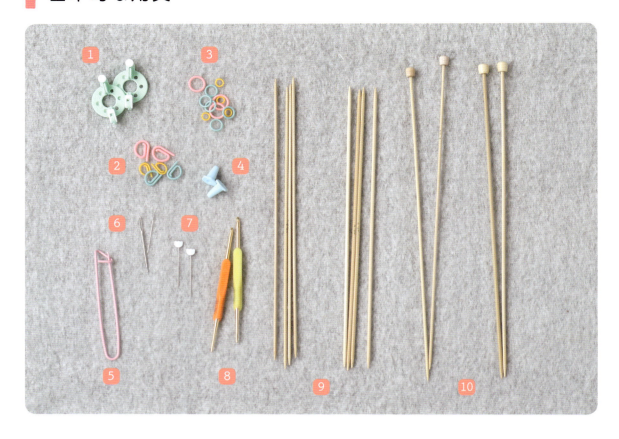

1 くるくるボンボン（H204-550）
ボンボンを簡単にきれいに作ることができます。直径3.5cm、5.5cm、7cm、9cmがあります。

2 段目リング（H250-708）
編み進む目印のためにつけます。段数や目数が数えやすくなります。

3 編み目リング（H250-707）
編み進む途中に棒針に通しておくと、目数が数えやすくなります。

4 ゴムキャップ（H250-703）
棒針の先につけて、糸が抜けるのを防ぎます。

5 ほつれ止め（H250-702）
肩の編み終わりの休み目に通して使います。

6 毛糸とじ針（H250-706）
糸の始末やとじはぎに使います。針先が丸くなっています。

7 まち針（H250-705）
毛糸用のまち針。針先が丸くなっています。

8 ハマナカアミアミ両かぎ針
2/0号〜10/0号まであり、糸の太さに適した針を使います。

9 ハマナカアミアミ特長・4本針
輪に編むときに使います。糸の太さに適した針を使います。短い針は小さなものを編むときに便利。

10 ハマナカアミアミ玉付・2本針
編み目が抜けないように針の片側に玉がついています。糸の太さに適した針を使います。

この本で使用した毛糸

1 ハマナカ コロポックル《マルチカラー》
- ウール 40％　アクリル 30％　ナイロン 30％
- 25g玉巻（約92m）
- [適正針] 棒針：3～4号　かぎ針：3/0号

2 ハマナカ ねんね
- ウール 100％（ニュージーランドメリノ使用）
- 30g玉巻（約150m）
- [適正針] 棒針：4号　かぎ針：3/0号

3 ハマナカ かわいい赤ちゃん
- アクリル 60％
  ウール 40％（メリノウール使用）
- 40g玉巻（約105m）
- [適正針] 棒針：5～6号　かぎ針：5/0号

4 ハマナカ アメリー
- ウール 70％（ニュージーランドメリノ使用）
  アクリル 30％
- 40g玉巻（約110m）
- [適正針] 棒針：6～7号　かぎ針：5/0～6/0号

◎表示は2019年9月現在のものです。用具と糸については下記へお問い合わせください。
ハマナカ株式会社　http://www.hamanaka.co.jp　京都本社 TEL.075-463-5151（代）

棒針編みの基礎

一般的な作り目

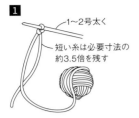
1〜2号太く
短い糸は必要寸法の約3.5倍を残す

糸端側

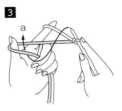

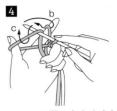
a、b、cの順に糸をくぐらせます。

親指を糸からはずし、矢印のように糸にかけます。

糸を引きしめます。

糸端側
3〜6を繰り返し、必要目数を作ります。これが1段めになります。

| 表目

糸を向こうにおき、右針を矢印のように手前から入れます。

右針に糸をかけて引き出します。

引き出したら、左針を抜きます。

表目が1目編めました。

一 裏目

糸を手前におき、右針を矢印のように向こうから入れます。

右針に糸をかけて引き出します。

引き出したら、左針を抜きます。

裏目が1目編めました。

○ かけ目

糸を手前からかけます。これがかけ目になります。

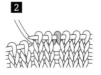
次の目を普通に編みます。

∨ すべり目

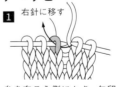
右針に移す
糸を向こう側におき、矢印のように右針を入れて編まずに移します。

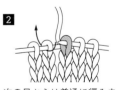
次の目からは普通に編みます。

● 伏せ目

表目で2目編みます。

かぶせる
編んだ目の1目めに左針を入れ、2目めにかぶせます。

伏せ目が1目編めました。

● 伏せ目（裏目）

裏目で2目編みます。

かぶせる
編んだ目の1目めに左針を入れ、2目めにかぶせます。

裏目の伏せ目が1目編めました。

⊼ 左上2目一度

右針を矢印のように手前から入れ、2目一緒にすくいます。

右針に糸をかけて引き出し、表目を編みます。

引き出したら、左針を抜きます。

1目減りました。

⊼ 右上2目一度

左針の1目を、編まずに右針へ移します。

次の目を表目で編みます。

左針で2で編んだ目に1の目をかぶせます。

左針を抜きます。

1目減りました。

⊿ 左上2目一度(裏目)

右針を矢印のように2目に入れます。

右針に糸をかけて引き出し、2目一緒に裏目で編みます。

裏目の左上2目一度が編めました。

⊿ 右上2目一度(裏目)

1、2の順に手前から針を入れて編まずに右針に移します。

左針に戻し1、2の目を入れ替えて2目一緒に裏目で編みます。

裏目の右上2目一度が編めました。

⋏ 中上3目一度

右針を矢印のように手前から入れ、編まずに右針に移します。

左の目を表目で編みます。

1で右針に移した2目に左針を入れます。

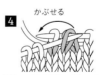
かぶせる
3の2目を2で編んだ目にかぶせます。

中上3目一度が編めました。

ǫ ねじり増し目(右側)

右側の目を編み、間の渡り糸を右針ですくいます。

左の針に図のようにかけます。

ねじり目で編みます。

右側のねじり増し目ができました。

ǫ ねじり増し目(左側)

左端の1目手前まで編み、間の渡り糸を右針ですくいます。

左の針に図のようにかけます。

ねじり目で編みます。

左側のねじり増し目ができました。

糸を横に渡す編み込み

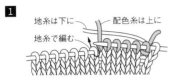
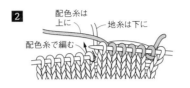
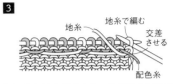

1. 配色糸は上、地糸は下に裏で糸を渡して編みます。
2. 裏に渡る糸は、引きすぎないようにします。
3. 編み地を持ち替えたら、必ず糸を交差させてから編みます。

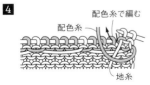

4. 配色糸を地糸の上において編みます。糸の渡し方はいつも一定にします。

縞模様の配色糸の替え方

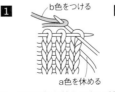
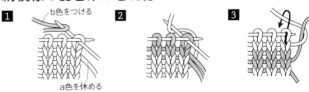

2～4段で色を替える細い縞模様は、糸を切らずに編みます。太い縞や糸替えのときは、糸を切ります。

ボッブル編み（3目・3段の玉編み）

1. 1目に表目、かけ目、表目の編み出し増し目をします。
2. その場で持ち替えて、裏を見ながら編み出した3目を裏目で編みます。
3. もう一度持ち替えて、右の2目を編まずに矢印のように右針に移します。
4. 3目めを表目で編みます。
5. 移しておいた2目を編んだ目にかぶせます。
6. できあがり。

すくいとじ

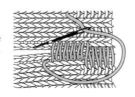

端1目内側の横糸を1段ずつすくっていきます。

引き抜きとじ

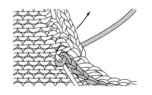

編み地を中表に合わせて、端1目内側にかぎ針を入れ、引き抜きながらとじます。

メリヤスはぎ

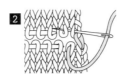

1. とじ針に糸を通し、手前の編み地の端目と向こう側の編み地の端目に裏側からとじ針を入れ糸を引き出し、手前の編み地の端目と2目めに通します。
2. 向こうの編み地の1目めと2目めにとじ針を通します。
3. 同じように手前の編み地の2目め、3目めに通した後、向こうの編み地の2目めにとじ針を通す。
4. 1目に2回ずつとじ針を通すように繰り返して、最後は向こうの編み地の端目にとじ針を通して引きしめます。

かぶせはぎ

1. 編み地を中表に合わせ、向こう側の編み目を引き出します。
2. 繰り返して端まで引き出します。
3. 端の2目を表目で編みます。
4. 右の目をかぶせます。
5. 次の目を編み、右の目をかぶせることを繰り返します。

目と段のはぎ

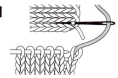
下は編み目から針を出し、上は1目内側の横糸をすくいます。

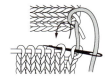
下の端の目に手前側から入れ、左隣の目に向こう側から入れます。

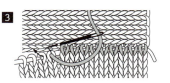
はぎ合わせる目数より段数が多い場合は、ところどころ2段すくい、均等にはぎます。

1目ゴム編み止め（往復編みの場合）　止める寸法の3〜4倍に糸を切り、とじ針に通す。

1目ゴム編み止め（輪編みの場合）　止める寸法の3〜4倍に糸を切り、とじ針に通す。

別鎖の作り目

別糸で編んだ鎖の裏山(p.39参照)を拾って編む作り目。あとで鎖編みはほどきます。セーターの裾や袖口などによく使います。

鎖の裏山に針を入れ、作品を編む糸をかけて引き出します。

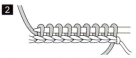
1山から1目ずつ拾い出します。鎖編みは最後にほどきます。

編み地と記号図

メリヤス編み

すべてが表目の編み方。

ガーター編み

表目と裏目を1段ごとに交互に編む編み方。

かのこ編み

1目ごとに表目と裏目を交互に編み、次の段は表目と裏目を入れ替えて毎段交互に編む編み方。

1目ゴム編み

1目ごとに表目と裏目を交互に編む編み方。伸縮性に富む。

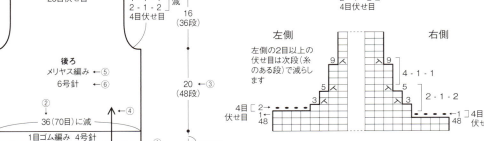

※編み図は編み地の表側から見たもので、基本的に編み地の右端の1段から書かれています。
※増す場合は減らし方と同じ要領で増し目をします。

かぎ針編みの基礎

◯ 鎖編み

1. 糸端を少し残して左手にかけ、指先で矢印のようにすくって輪を作ります。
2. 糸が交差した部分を押さえながら、針に糸をかけて引き出します。
3. 糸端を引きます。これは1目には数えません。
4. 針に糸をかけて引き出します。
5. 1目編めました。

✕ 細編み

1. 鎖1目で立ち上がり、作り目の1目めの裏山をすくいます。
2. 針に糸をかけて引き出します。
3. 針に糸をかけて、針にかかっている2ループを引き抜きます。
4. 1目編めました。1〜3を繰り返します。

T 中長編み

1. 鎖2目で立ち上がり、針に糸をかけて作り目の2目めの裏山をすくいます。
2. 針に糸をかけて引き出します。
3. 針に糸をかけて、3ループを一度に引き抜きます。
4. 1目編めました。1〜3を繰り返します。

T 長編み

1. 鎖3目で立ち上がり、針に糸をかけて作り目の2目めの裏山をすくいます。
2. 針に糸をかけて引き出し、1段の高さの半分くらいまで糸を引き出します。
3. 針に糸をかけて、2ループを引き抜きます。
4. 針に糸をかけて、2ループを引き抜きます。
5. 1目編めました。1〜4を繰り返します。

輪の作り目

1. 左手の人さし指に、糸をかるく2回巻きつけます。
2. 輪の中に針を入れ、糸をかけて引き出します。
3. 糸をかけて引出し、鎖編みを編みます。
4. 輪の中に針を入れます。
5. 細編みを必要目数編み入れます。

 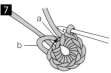 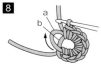 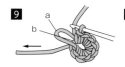

6. 糸端を少し引きます。
7. 6で引かれた糸aを矢印の方向に引きます。
8. aの糸を引いて、bの糸を引きしめます。
9. 糸端を引いてaの糸を引きしめます。
10. 輪の作り目ができました。

鎖目の拾い方

鎖半目と裏山を拾う方法

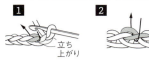

鎖の裏山を拾う方法

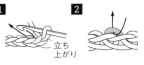

⋀ 細編み2目一度

未完成の細編みを2目編み、針に糸をかけて、2ループを一度に引き抜きます。※細編み3目一度も同じ要領で編みます。

⋁ 細編み2目編み入れる

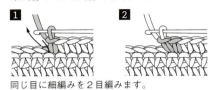

同じ目に細編みを2目編みます。

長編み2目一度

未完成の長編みを2目編み、一度に引き抜きます。

長編み3目編み入れる

同じ目に長編みを3目編みます。

と の違い

前段の1目に針を入れる。　前段の鎖編みのループをすくう。

● 引き抜き編み

前段の頭に針を入れて、糸をかけて引き抜きます。

長編み3目の玉編み / 長編み5目の玉編み / 長編み2目の玉編み

1. 鎖3で立ち上がり、鎖をもう1目編みます。作り目の2目めに針を入れます。

2. 針に糸をかけ、未完成の長編みを編みます。

3. 針に糸をかけ、同じ目に未完成の長編み2目め、3目めを編みます。

4. 針先に糸をかけ、針にかかっているループを引き抜きます。
※ は 3 で未完成の長編みを5目、 は2目を編む。

5. 1目編んだところ。

刺しゅうの基礎

ストレート・ステッチ

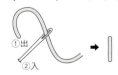

縦に1本刺すステッチです。

クロス・ステッチ

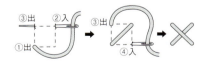

×に刺していきます。

フレンチノット・ステッチ

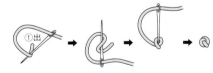

①から針を出したら、糸をかけながら針先を上に向け、糸を引きしめて①のとなりに刺し入れます。

ボタンホール・ステッチ

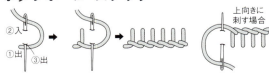

①から針を出し②に入れ③に出して糸をかけます。

サテン・ステッチ

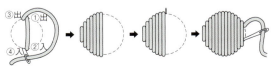

図案が左右対称の場合は、中央から刺し始め、片側ずつ埋めます。

p.6 A ベビーベスト

- **糸** ハマナカ かわいい赤ちゃん(40g玉巻)
  - [a] ● グレイッシュピンク(23) 71g(a色)
    - ● うすピンク(4) 10g(b色)
  - [b] ● うす茶(25) 71g(a色)
    - ● うすグレー(27) 10g(b色)
- **用具** ● 5号、3号 2本棒針
  - ● 3号 4本棒針
  - ● 5/0号かぎ針
- **ボタン** ● 直径1.4cm 3個
- **ゲージ** 模様編み(5号) 21目×35段=10cm角
  - 1目ゴム編み(3号) 25目
- **できあがりサイズ** 胸囲58cm、肩幅21cm、着丈25cm

編み方

糸は1本どり。一般的な作り目で編み始めます。

後ろ・前 a色の糸で本体を模様編みで編みます。後ろ身頃の衿ぐりは、86段めを23目伏せ目にし、肩はかぶせはぎにします。

前立て・衿 b色の糸で前立てと衿を続けて拾い目をして、1目ゴム編みで編み、3段めにボタンホールを編み、6段まで編み、伏せ目にします(ボタンホールは男女で反対にします)。

袖ぐり b色の糸で袖ぐりに拾い目をして輪で1目ゴム編みを編み、3段めを伏せ目にします。

まとめ b色の糸でかぎ針で鎖を編み、内側につけます。

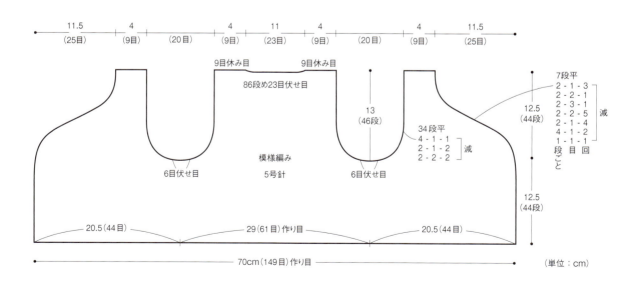

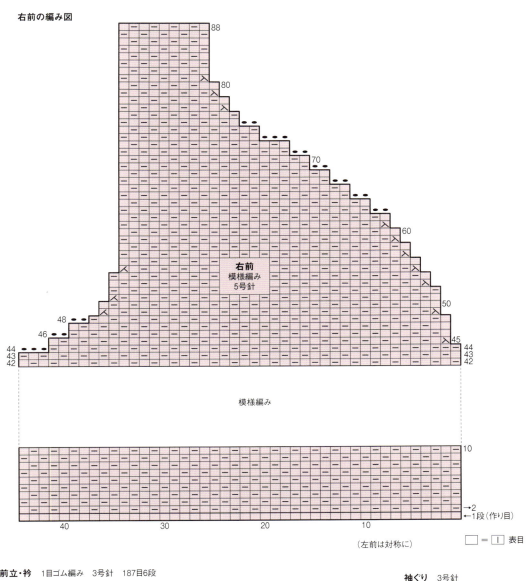

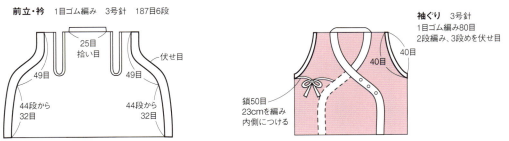

41

p.6 B ベビーパンツ

- **糸** ハマナカ かわいい赤ちゃん（40g玉巻）
  [a]グレイッシュピンク（23）76g
  [b]うす茶（25）76g
- **用具** 5号、3号2本棒針
- **材料** ゴムテープ　2cm幅×50cm
- **ゲージ** メリヤス編み　20.5目×28段＝10cm角
- **できあがりサイズ** 胴回り48cm、パンツ丈23cm

編み方

糸は1本どり、一般的な作り目で編み始めます。

後ろ・前　3号針で1目ゴム編みを18段編みます。
5号針に替えてメリヤス編みで図のように編み、編み終わりは1目ゴム編み止めをします。前後パンツを編みます。

まとめ　脇を段数違いに気をつけてすくいとじします。股下はすくいとじ、メリヤスはぎでとじます。
ゴムベルトを輪にして1cm重ねてとじ、ウエストにゴムベルトを入れて半分に折り、まつりつけます。

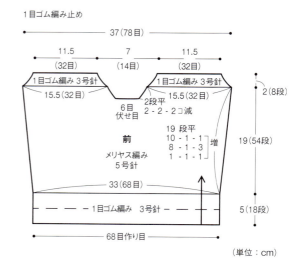

(単位：cm)

後ろ・前パンツの編み図

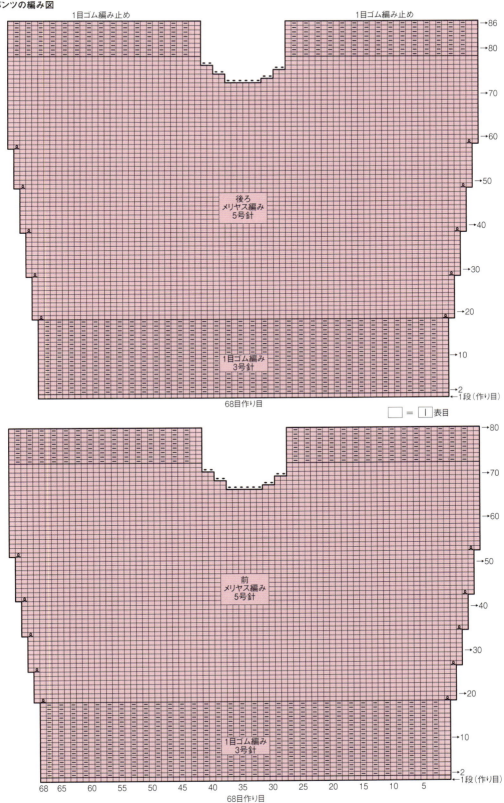

p.8 C ロンパース

糸	ハマナカ かわいい赤ちゃん（40g玉巻）
	● 白（1）5g
	● うすグレー（27）129g
用具	● 5号棒針
ボタン	● 直径1cm 14個
ゲージ	メリヤス編み 20目×27段＝10cm角
	ガーター編み 18目
できあがりサイズ	胸囲62cm、着丈46cm、ゆき丈27cm

編み方

糸は1本どり、一般的な作り目で編み始めます。

後ろ・前 白でガーター編みを4段編み、続けてうすグレーで編みます。図のように編み、途中、股下のガーター編みの脇のメリヤス編みで増し目をします。
左右1枚ずつ対称に編み、後ろは35段め、前は33段めでつなげます。

前立て 前身頃の前立て部分は、左前はメリヤス編み29目、ガーター編み6目で左身頃を編みます。
右前は、巻き増し目6目してガーター編み6目、メリヤス編み29目で編みます。
右前立てを裏でかがります。
前と後ろは肩をメリヤスはぎ、脇はすくいとじで合わせます。

衿ぐり・袖 衿ぐりは、縁編みガーター編みを4段編み、4段めで伏せます。
袖は身頃から拾います。64段から50目拾います。袖の縁編みは白でガーター編み4段編み、4段めで伏せます。

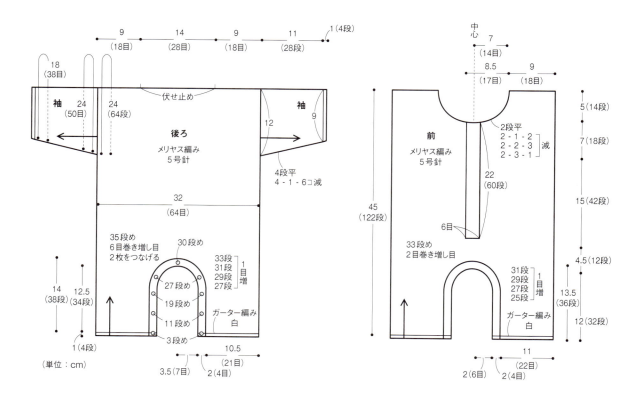

後ろの編み図

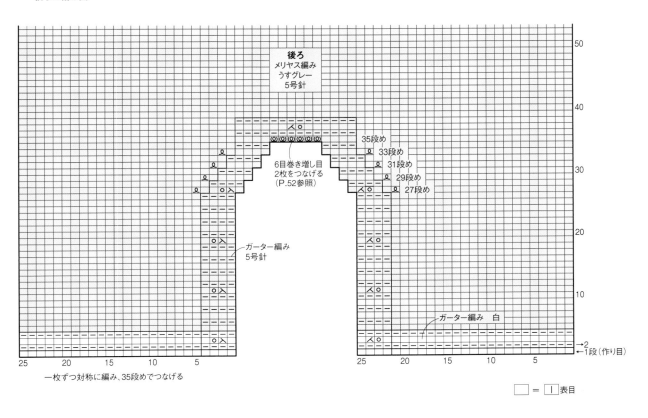

一枚ずつ対称に編み、35段めでつなげる

□ = | 表目

袖の編み方図

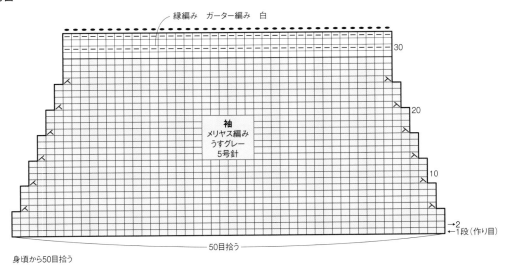

身頃から50目拾う

C ロンパース

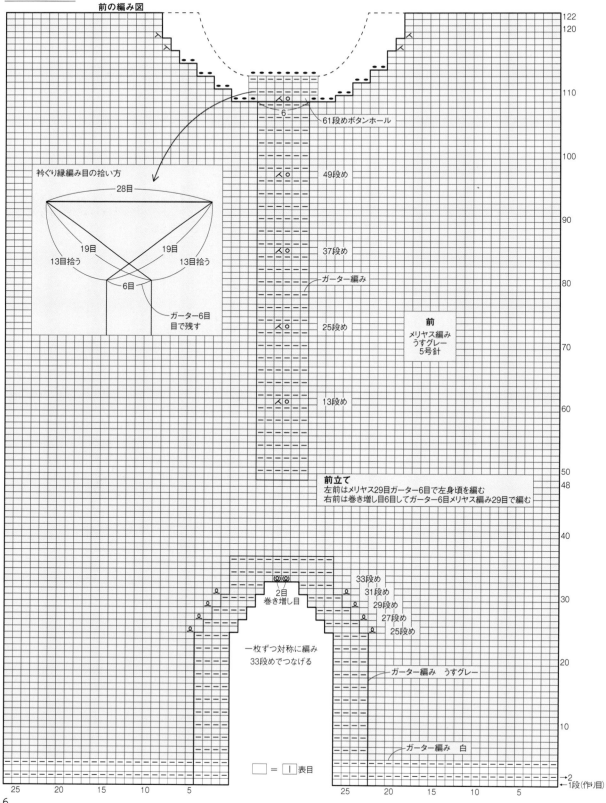

p.10 D 丸ヨークベスト

糸	ハマナカ ねんね（30g玉巻） ● アプリコット（13）50g
用具	● 5号、3号2本棒針 ● 5/0号かぎ針
ゲージ	メリヤス編み・ガーター編みともに 24目×34段＝10cm角
できあがりサイズ	胸囲30cm、着丈29cm

編み方

糸は1本どり、一般的な作り目で編み始めます。

身頃 右前身頃から編みます。ヨーク、身頃は続けて編みます。
左前身頃のガーター編みは、4段めを編みながら伏せます。

袖ぐり 袖ぐりあきの部分は別々に編み、段数分編み終わったら合体させて編みます。

まとめ ひもは2本どりで、かぎ針5/0号で鎖編みを76cm編み、本体に通して先にボンボンをつけます。ボンボンは直径3.5cm70回巻きで作ります。

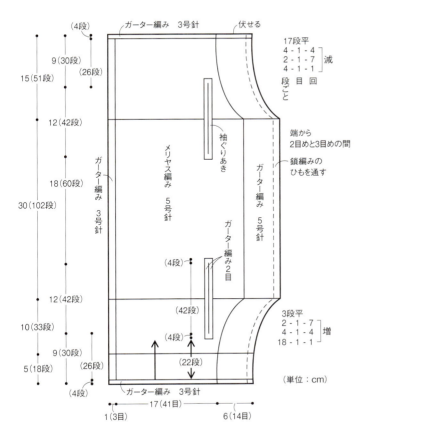

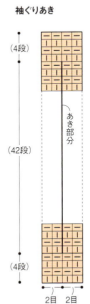

D 丸ヨークベスト

身頃の編み図

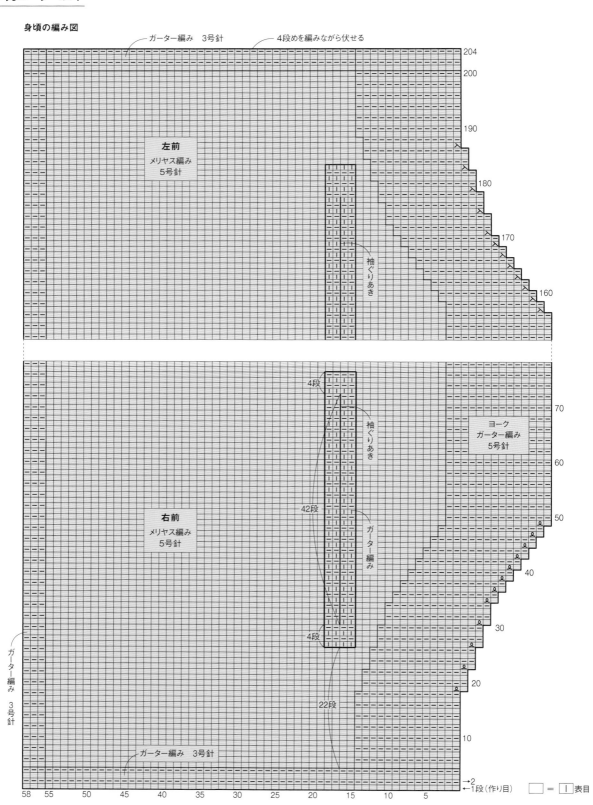

p.11 E レッグウォーマー

|糸| ハマナカ ねんね（30g玉巻）
● バニラ（2）25g

|用 具| ● 5号、3号2本棒針

|ゲージ| 模様編み　26目×36段＝10cm角

|できあがりサイズ| 幅8cm、丈22cm

|編み方|
糸は1本どり、一般的な作り目で編み始めます。
図のように模様編みします。
輪にしてすくいとじでとじます。

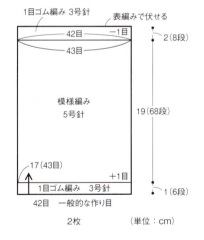

2枚　　　　　（単位：cm）

レッグウォーマーの編み図

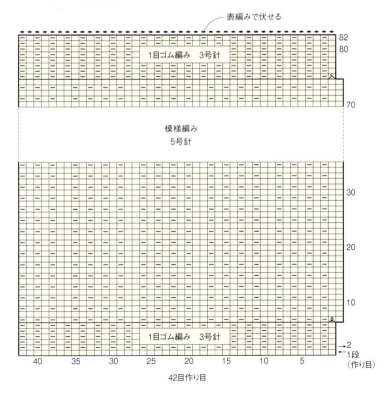

p.12 F サックコート

- **糸** ハマナカ ねんね（30g玉巻）
  - [a] ●ピーチ（5）234g
  - [b] ●セサミ（11）235g
  - ●ショコラ（15）5g
- **用具** ●7号棒針
- **ボタン** ●直径1.5cm 4個
- **ゲージ** 2本どりガーター編み 20目×32段＝10cm角
- **できあがりサイズ** 胸囲62cm、着丈32cm

編み方

糸は2本どり、一般的な作り目で編み始めます。

後ろ・前・袖 前後身頃を編んで、肩をかぶせはぎをしてから、袖を拾い出して編みます。
脇、袖下はすくいとじで合わせ、フードは後ろ衿ぐりにすくいとじでつけます。

ひじあて a は耳をつけて目と鼻を刺しゅうします。b はまるいひじあてをつけます。

ボタンホール 男児は左前、女児は右前にあけ、ボタンつけ用の糸でボタンホール・ステッチを入れます（b はショコラ、a はピーチ）。

ふさ b はグレーの糸を16cm×40本用意し中心で結び7cmのふさにカットしてフードのてっぺんに縫いつけます。

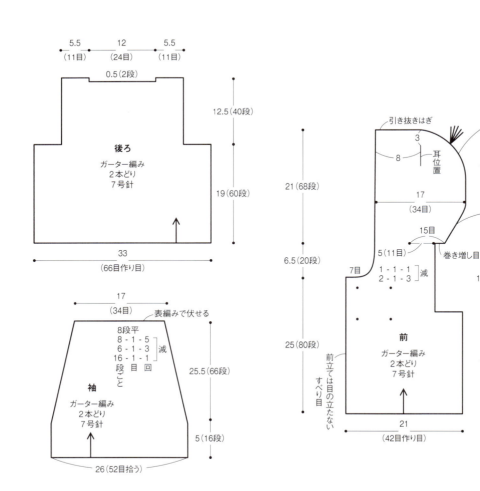

（単位：cm）

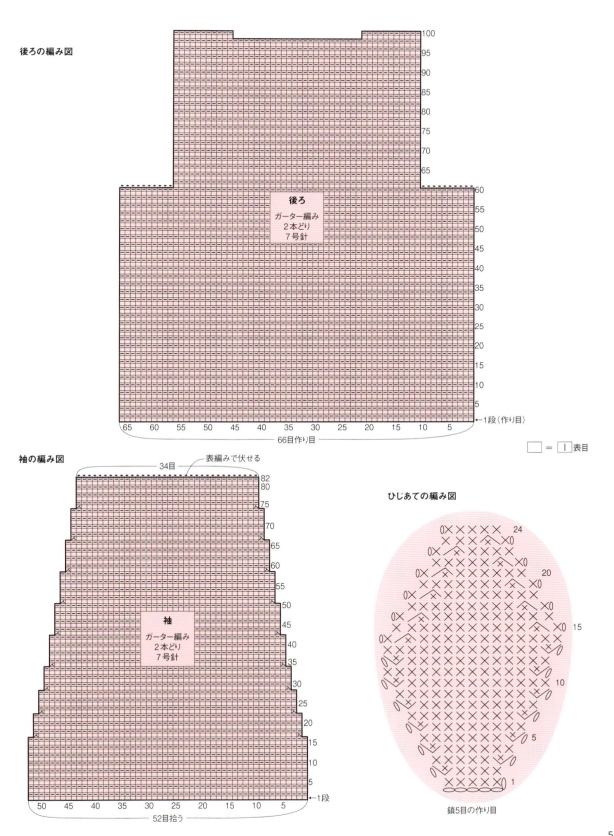

F サックコート

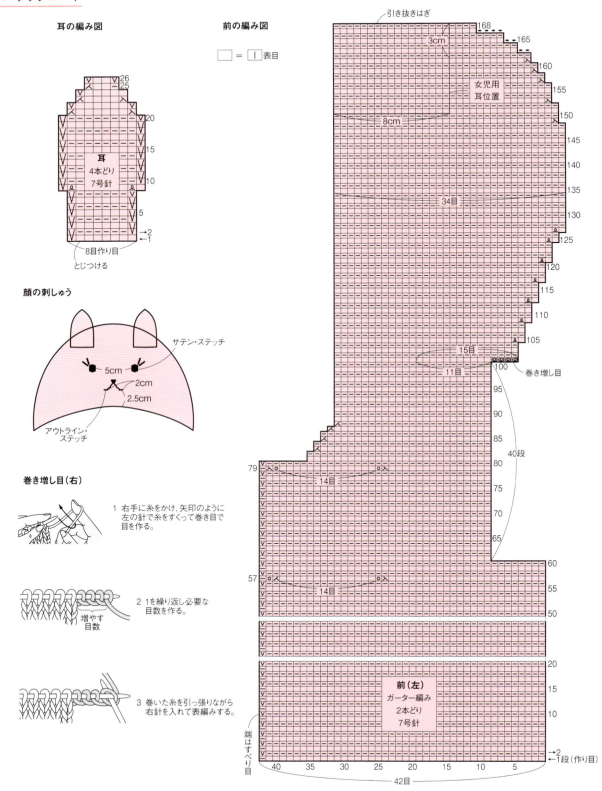

p.14 **G パンツ**

糸	ハマナカ ねんね（30g玉巻）
	[a] ●チェリー（6）82g
	●ピーチ（5）7g
	[b] ●ショコラ（15）82g
	●ハマナカ コロボックル
	《マルチカラー》（109）6g
用具	●5号、3号2本棒針
	●4/0号かぎ針
材料	ゴムテープ　1cm幅×44cm
ゲージ	メリヤス編み　27目×36段＝10cm角
	うさぎのしりあて　細編み　28目×30段
できあがりサイズ	胴回り50cm、パンツ丈39cm

編み方

糸は1本どり、別鎖の作り目で編み始めます。

左右パンツ　パンツの左右を編み、股下、股上を段数違いに気をつけてすくいとじします（☆と☆、△と△、○と○、□と□）。

ウエスト　ウエストは、前後とも32目ずつ拾い目して、1目ゴム編みを10段、メリヤス編みを6段編みます。内側に折ってまつり、ゴムを通して口をまつります。

裾　裾は左右それぞれ、42目（前21目、後ろ21目）拾って、1目ゴム編みを12段編み、伏せ目をして内側に折りまつります。

しりあて　しりあてを図のように編み、目と口を刺しゅうして、ボタンホール・ステッチで本体につけます。

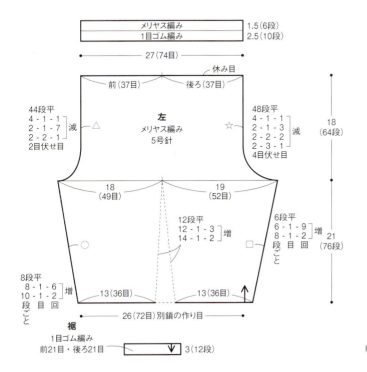
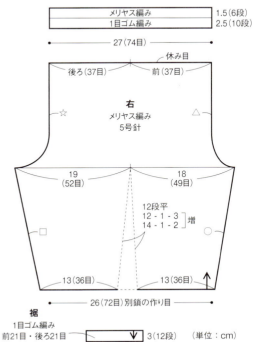

（単位：cm）

G パンツ

パンツの編み図

□ = □ 表目

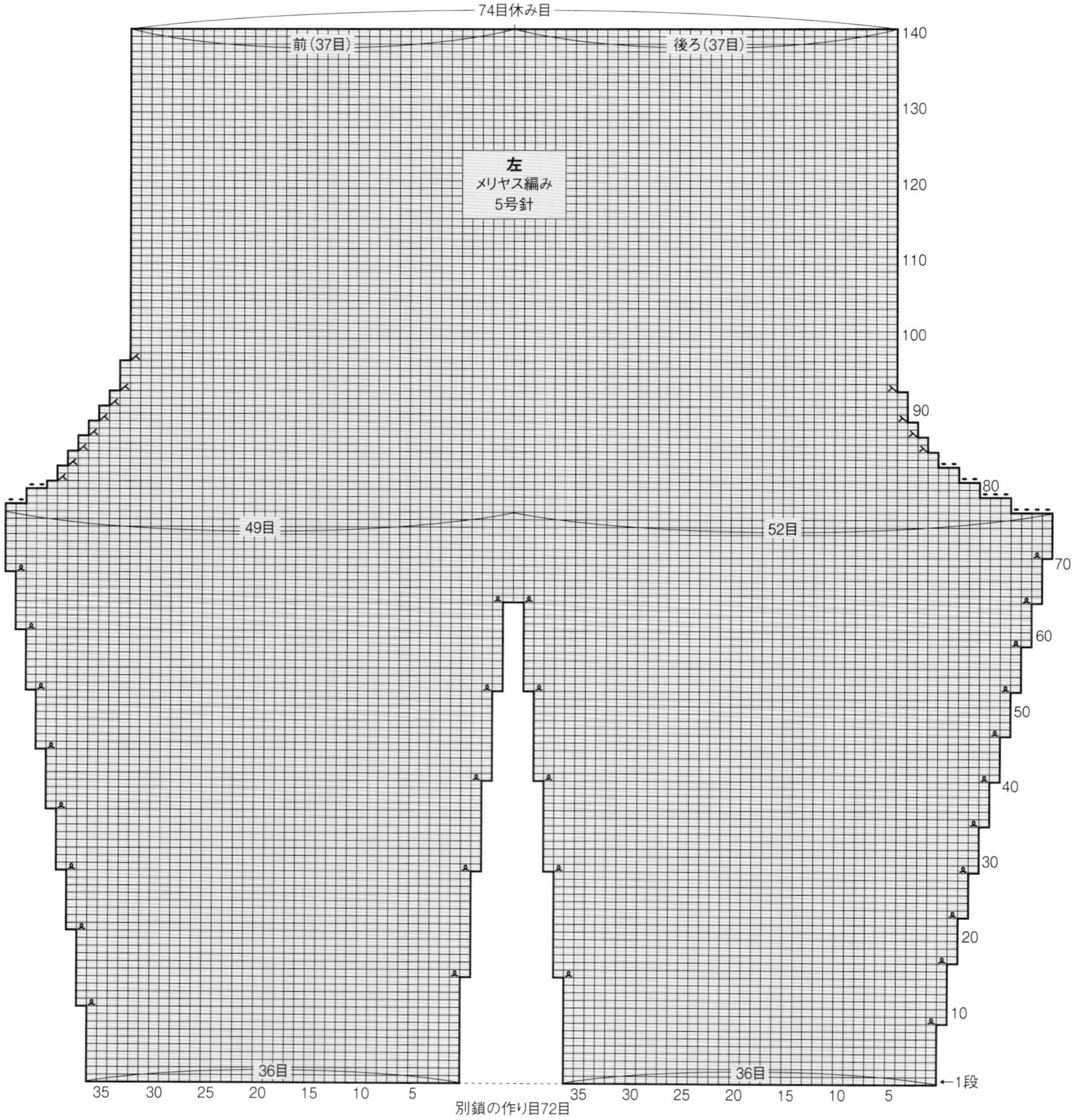

74目休み目
前（37目）　　後ろ（37目）

左
メリヤス編み
5号針

49目　　52目

140
130
120
110
100
90
80
70
60
50
40
30
20
10
1段

35 30 25 20 15 10 5　　35 30 25 20 15 10 5

36目　　36目

別鎖の作り目72目

ウエストの編み図

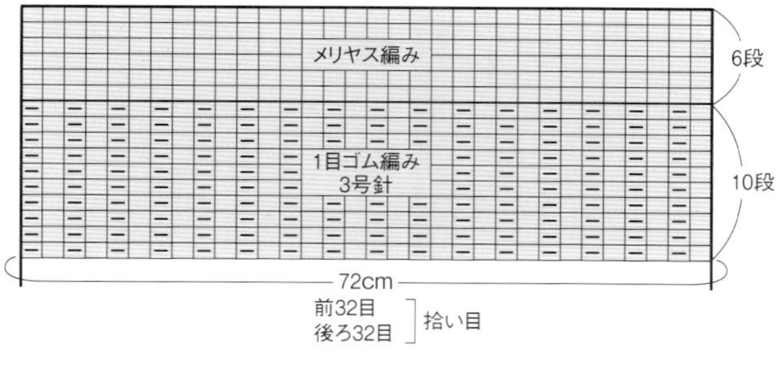

メリヤス編み　6段

1目ゴム編み
3号針　10段

72cm

前32目
後ろ32目　拾い目

裾の編み図

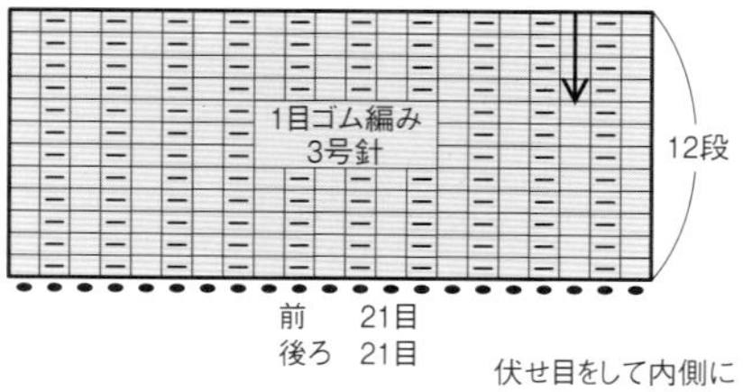

1目ゴム編み
3号針　12段

前　21目
後ろ　21目

伏せ目をして内側に
折ってまつる

54

うさぎの耳の編み図

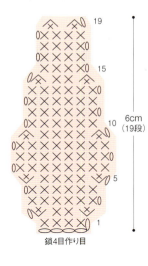

鎖4目作り目

6cm (19段)

しりあて　うさぎ・まるの編み図

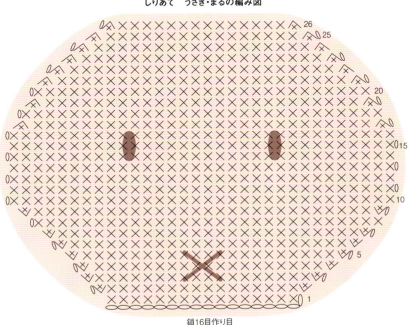

鎖16目作り目

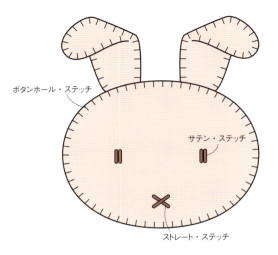

ボタンホール・ステッチ
サテン・ステッチ
ストレート・ステッチ

しりあてつけ位置

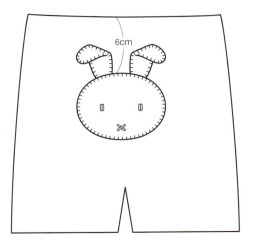

6cm

55

p.16 H ベビー帽子

- **糸** ハマナカ かわいい赤ちゃん（40g玉巻）
  - [a] ●うすピンク（4）24g（a色）
    - ●グレイッシュピンク（23）8g（b色）
  - [b] ●うすグレー（27）24g（a色）
    - ●うす茶（25）8g（b色）
- **用具** ●5号、2号4本棒針
- **ゲージ** メリヤス編み（5号） 20.5目×28段＝10cm角
- **できあがりサイズ** 頭回り44cm、深さ14cm

編み方
糸は1本どり、一般的な作り目で編み始めます。

本体 a色の糸で作り目90目作り、輪に編みます。
2号針で1目ゴム編みを10段編み、5号針でメリヤス編みを20段編みます。
6か所で減目をしながら輪に編みます。
最後の24目に糸を2回通して絞ります。

ボンボン b色の糸でボンボンを作り、トップにつけます。

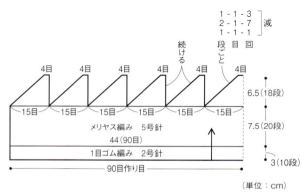

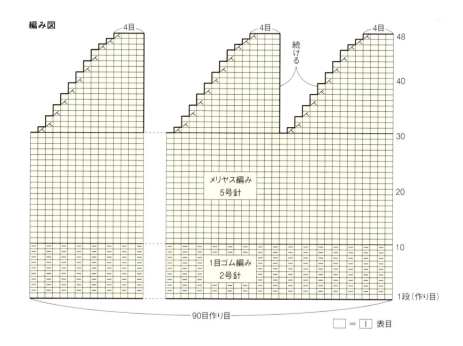

p.16 ベビーシューズ

糸 ハマナカ かわいい赤ちゃん(40g玉巻)
[a] ●うすピンク(4)14g(a色)
●グレイッシュピンク(23)2g(b色)
[b] ●うすグレー(27)14g(a色)
●うす茶(25)2g(b色)

用具 ●4号2本棒針
●5号4本棒針

できあがりサイズ 足長さ9cm、高さ6cm

編み方
糸は1本どり、一般的な作り目で編み始めます。

底・側面・つま先 a色の糸で、a、b、cの順に編みます。aは伏せ目で糸を切ります。bは8目休み目にして糸を15cmくらい残して切ります。cはaの☆印から拾い目をして輪に編み、9段め足先側を伏せ目にします。bをすくいとじでつけます。

足首 続けて1目ゴム編みを22目編み、bの休み目も1目ゴム編みで輪にして8段編みます。
糸をb色に変えて1段表編みをして、かのこ編みで7段め裏編みで伏せ目にします。

(単位：cm)

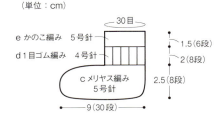

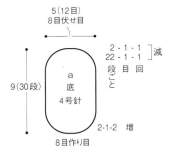

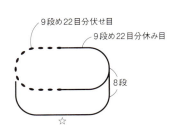

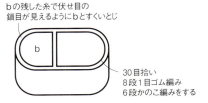

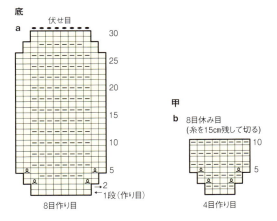

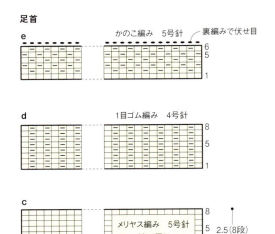

p.18 J ベビーポンチョ

- **糸** | ハマナカ ねんね（30g玉巻）
  - セサミ（11）44g
  - ベビーネイビー（12）24g
- **用具** | 4/0号かぎ針
  - 2号4本棒針
- **ゲージ** | 模様編み（4/0号） 20目×22段＝10cm角
  - 1目ゴム編み（2号） 30目×40段＝10cm角
- **できあがりサイズ** | 衿回り36cm、裾回り108cm、丈20cm

編み方
鎖108目を輪にして編み始めます。

ポンチョ部分 図のように4か所で増し目をしながら色を替えて編みます。

衿ぐり 編み始めの鎖目から拾い目をして1目ゴム編みを編み、1目ゴム編み止めにします。

まとめ 裾にフリンジをつけ仕上げます。

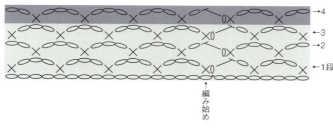

模様編み

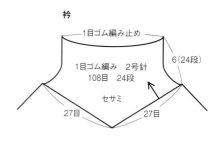

衿

フリンジ セサミ

12cm×3本を半分に折り、ネット編みにフリンジをつけ5cmに切りそろえる

配色

■	ベビーネイビー
□	セサミ

（単位：cm）

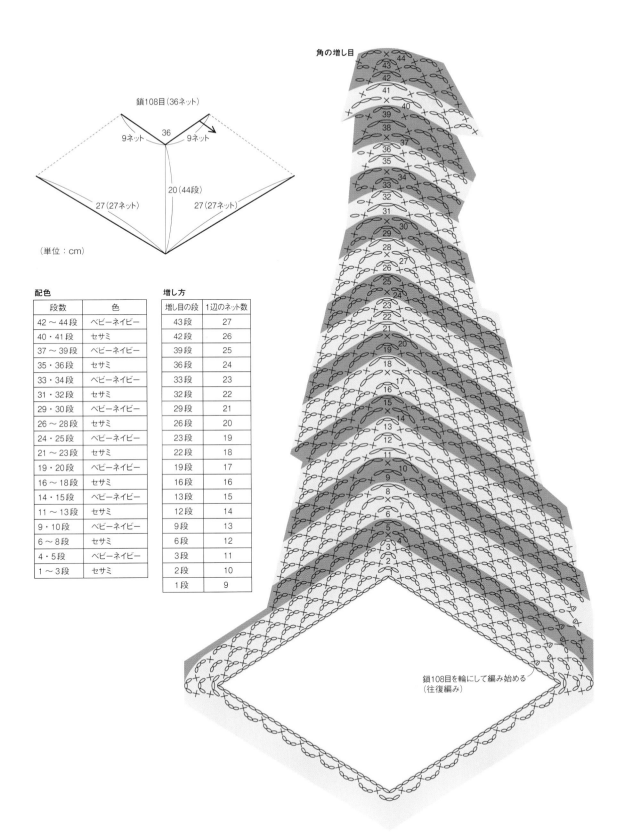

p.20 K おくるみ

- 糸 | ハマナカ かわいい赤ちゃん（40g玉巻）
  - 白（1）330g
- 用具 | 5/0号かぎ針
- できあがりサイズ | 直径90cm

| 編み方 |

糸は1本どりで編みます。
鎖8目を編み、輪にして、そこに長編み24目を編みつけます。その後、図のように37段編みます。
最後に縁編みを図のように編みます。

おくるみ1～12段までの編み図

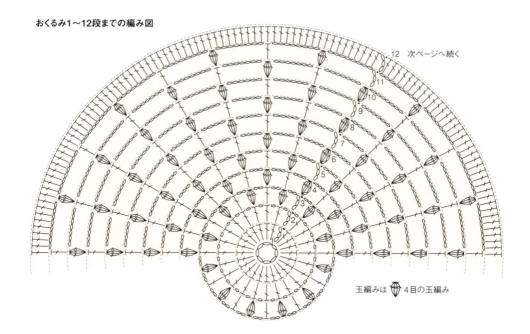

12 次ページへ続く

玉編みは ◇ 4目の玉編み

縁編み

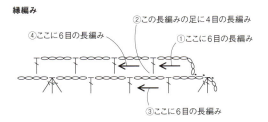

おくるみ続きの編み図

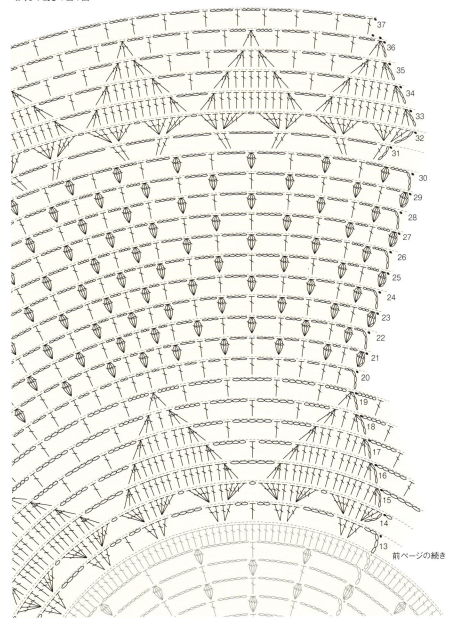

前ページの続き

p.22 L ボレロ

- **糸** ハマナカ アメリー（40g玉巻）
  - マスタードイエロー（3）106g
  - オリーブグリーン（38）5g

  ハマナカ ねんね（30g玉巻）
  - ミルク（1）5g
- **用具** 6/0号、3/0号かぎ針
- **ゲージ** A模様（6/0号） 18目×9段＝10cm角
  B模様（6/0号） 18目×12段＝10cm角
- **できあがりサイズ** 胸囲66cm、ゆき丈27.5cm、着丈26cm

編み方

後ろ・前 身頃を図のように編み、肩を引き抜き編みで合わせます。

袖 身頃から袖を拾い出して編みます。

まとめ 脇下と袖下はすくいとじでとじます。
裾の縁編みを編んでから衿ぐり、前立てを編みます。
花のモチーフをとじつけます。

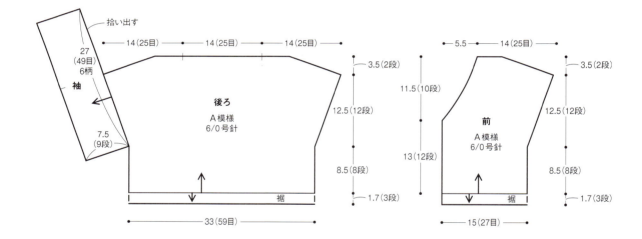

（単位：cm）

後ろの編み図 A模様

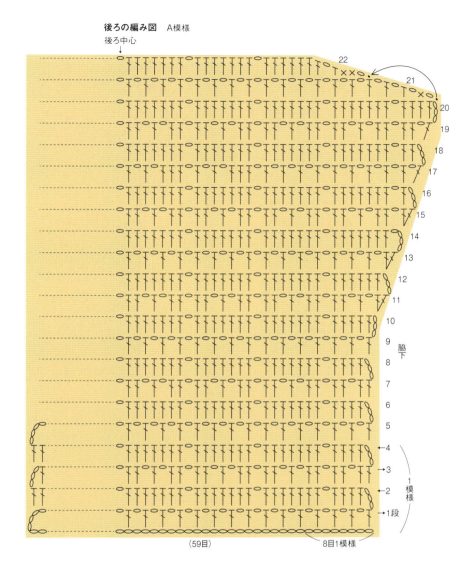

袖 B模様

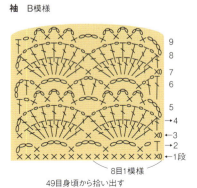

L ボレロ

左前の編み図　A模様

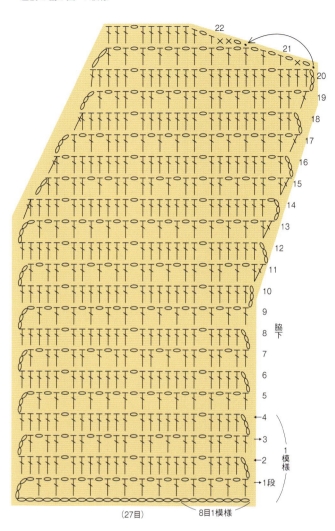

裾・衿ぐり・前立ての編み図
6/0号針

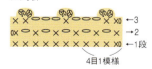

花 ねんね(1)
3/0号針

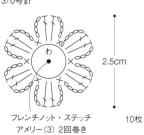

2.5cm

10枚

フレンチノット・ステッチ
アメリー(3) 2回巻き

葉 アメリー(38)
6/0号針

10枚

花つけ位置

p.24 M カーディガン

| 糸 | ハマナカ ねんね（30g玉巻）
[a] ●アクア（8）85g
[b] ●ハニークリーム（3）90g
[c] ●セサミ（11）66g
●ベビーネイビー（12）7g
●ベリートマト（14）17g
●バニラ（2）8g

| 用具 | 3号、4号、5号棒針

| ボタン | [a] ●直径1.2cm×6個
[b] ●直径1.2cm×6個
[c] ●直径1.5cm×6個

| ゲージ | メリヤス編み　24目×34段＝10cm角
模様編み　24目×34段＝10cm角

| できあがりサイズ | 胸囲62cm、着丈31.5cm、袖丈33cm

| 編み方 |
糸は1本どり、一般的な作り目で編み始めます。
後ろ身頃、前身頃、袖を図のように編みます。
脇、袖下、袖つけはすくいとじで合わせます。
前立ては1目ゴム編み止めをします。
ボタンホールはbは右前、a、cは左前にあけます。

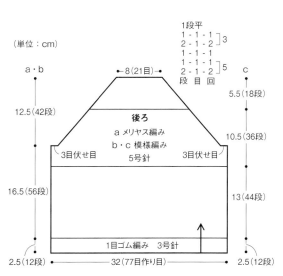

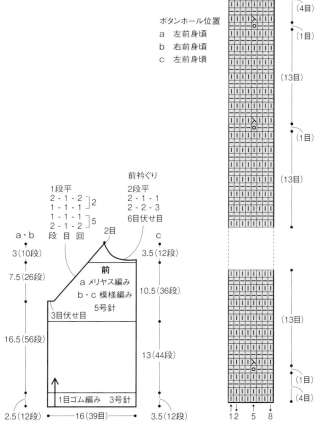

65

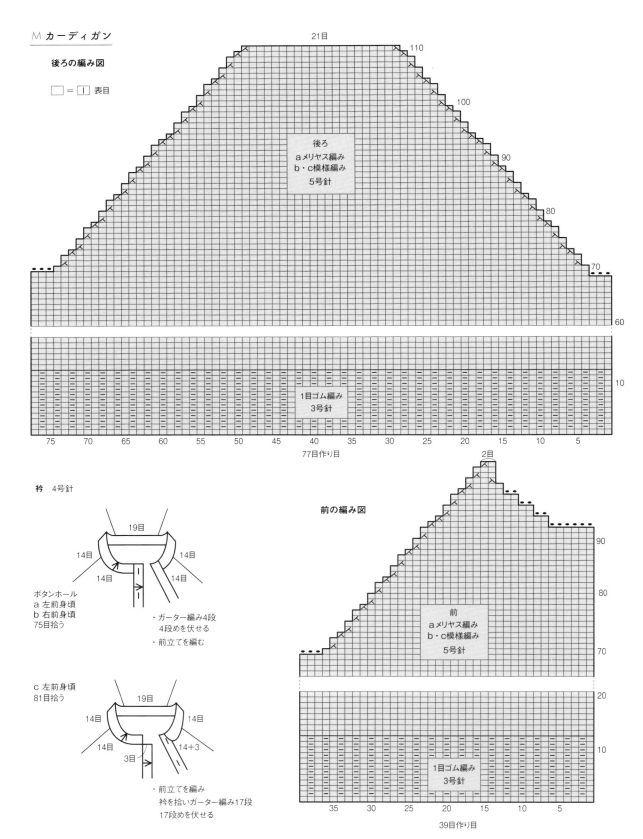

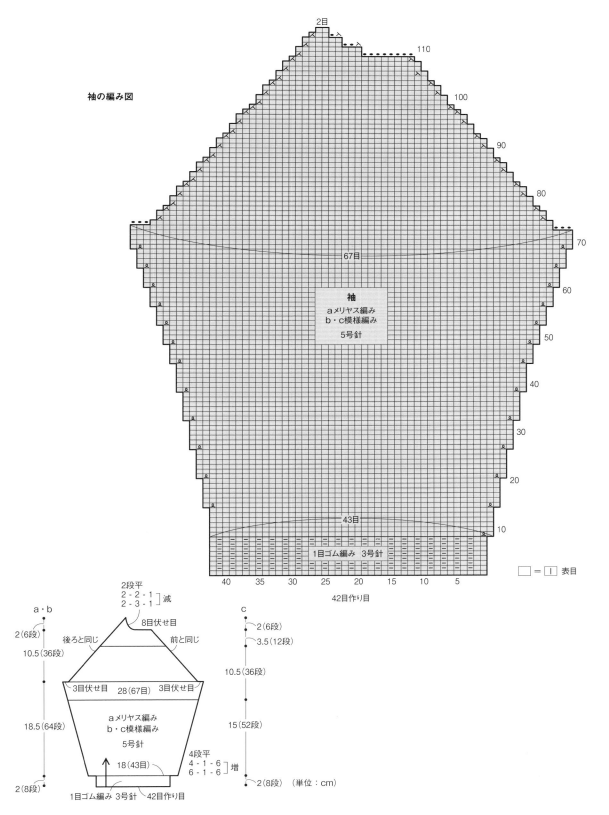

M カーディガン

c 模様編み

配色

□	セサミ
■	ベビーネイビー
▨	ベリートマト
□	バニラ

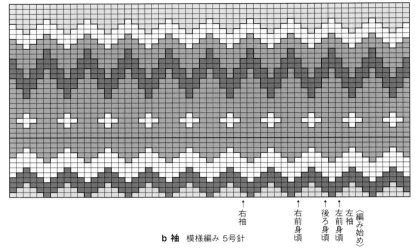

b 身頃 模様編み 5号針

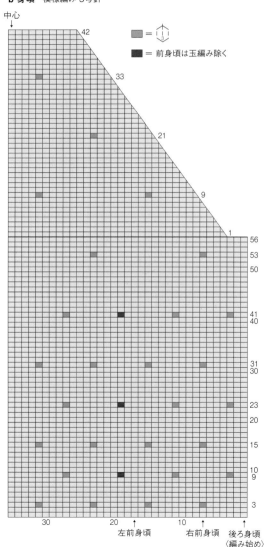

b 袖 模様編み 5号針

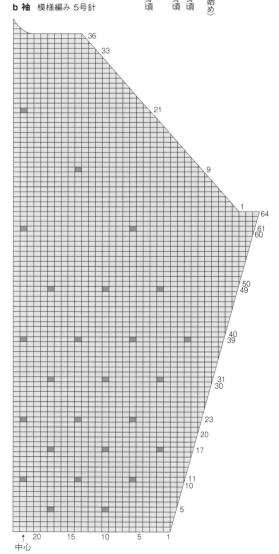

p.26 N ベビードレス

糸	ハマナカ かわいい赤ちゃん（40g玉巻） ●うすピンク（4）360g
用具	●5号、4号2本棒針 ●5/0号かぎ針
ボタン	●直径1cm×9個
ゲージ	模様編みA・B　20目×32段＝10cm角 ガーター編み（4号）　20目×40段＝10cm角
できあがりサイズ	胸囲98cm、肩幅22cm、着丈58cm、袖丈20cm

編み方

糸は1本どり、一般的な作り目で編み始めます。

上身頃　模様編みAで上身頃を編みます。
左前立てのガーター編みを編み、伏せ目にします。
肩の2目をかぶせはぎして、丸ヨーク部分を拾い目してガーター編み、全体で減目をして25段めで減目をしながら伏せ目にします。
右前立てのガーター編み2段めにボタンホールを編み、伏せ目にします。
続けてかぎ針で引き抜きと鎖2目を右前立て、衿ぐり、左前立てへと続けて編みます。
裾にフリルをかぎ針で編みます。

身頃下　模様編みBで身頃下の部分を編み、減目をしながら伏せ目にします。
前立てをガーター編みとかぎ針で引き抜きと鎖2目を編みます。
裾にフリルを編み、上身頃の内側にまつりつけます。

袖　袖を編み、○、●印のところまですくいとじにして袖口にフリルを編みます。
引き抜きで袖つけをして○、●印どうしは目と段のはぎにします。
リボンを編み、袖に通して結びます。
前立てにボタンをつけます。

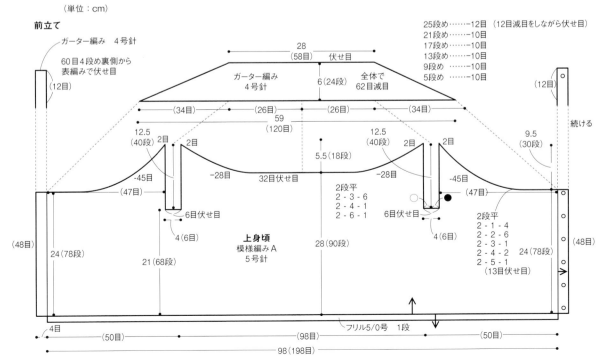

N ベビードレス

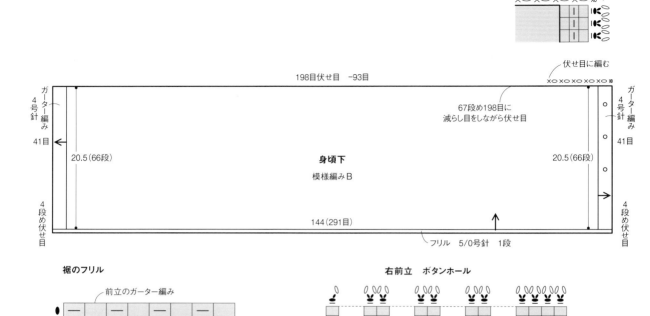

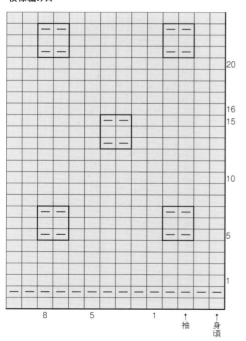

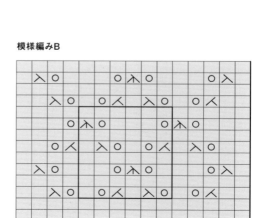

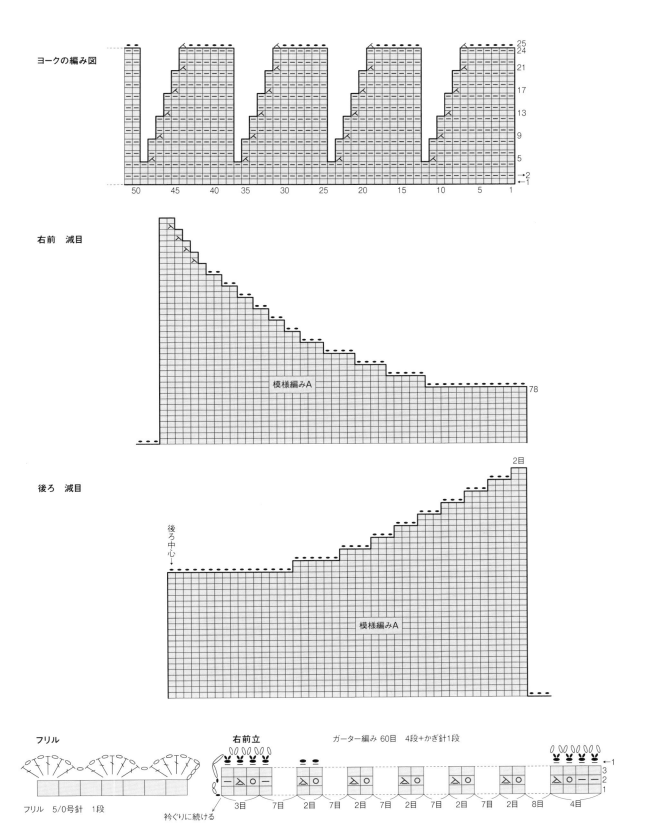

N ベビードレス

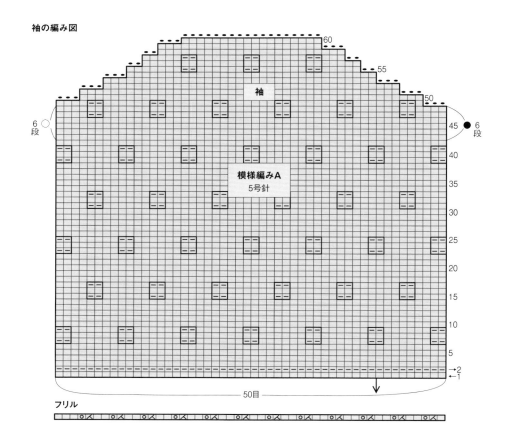

袖の編み図

フリル

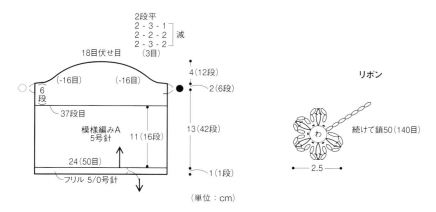

p.26 ○ ヘアバンド

- 糸 | ハマナカ かわいい赤ちゃん（40g玉巻）
  - うすピンク（4）20g
- 用具 | かぎ針 5/0号
- ゲージ | 模様編み 17.5目×13段＝10cm角
  - モチーフ 直径9cm
- できあがりサイズ | 頭回り 43cm
- ビーズ | パールビーズ 直径1.5cm×1個

編み方

図のようにバンド部分を編みます。
☆どうしをとじて輪にします。
花モチーフを1枚編み、中心にパールビーズを縫いつけ、バンドにとじつけます。

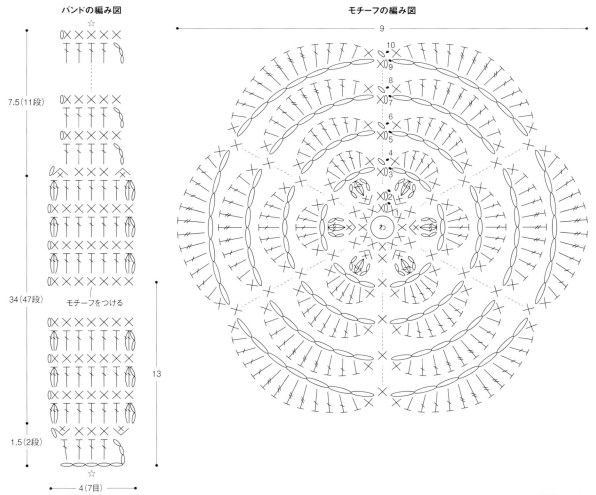

（単位：cm）

p.28 | # P コート

| **糸** | ハマナカ アメリー（40g玉巻）
● クリムゾンレッド（5）180g（a色）
● ナチュラルブラック（24）20g（b色）
| **ボタン** | ● 直径1.5cm×5個
| **用 具** | ● 4号、5号、6号2本棒針
● 6/0号（袖つけ用）かぎ針
| **ゲージ** | メリヤス編み（6号）　19目×28段＝10cm角
かのこ編み（6号）　19目×30段＝10cm角
| **できあがりサイズ** | 胸囲65cm、着丈45cm、袖丈24cm

| 編み方 |

身頃 a色の糸1本どり、一般的な作り目で編み始めます。まず2段、ガーター編みを編み、その後、切り替えのところまでかのこ編みで編みます。その後、均等に減目をしてメリヤス編みで編みます。前身頃は前立て側の1目はガーター編みにし、すべり目にします。前立て部分も身頃と一緒に編み、右前身頃にボタンホールをあけます。

袖 a色の糸1本どり、一般的な作り目で編み始めます。まず2段、ガーター編みを編み、その後かのこ編みで編みます。

※身頃、袖とも、増し目は1目内側のシンカー（下に向いているループ）をねじって増し、減目は端の1目を立てて減目する。

衿 b色の糸2本どり。前身頃と後ろ身頃から拾い目をして、かのこ編みをしていきます。まず4号針で編み、その次に5号針、そして6号針と同じ目数で針を替えて編みます。両端の目はガーター編みのすべり目にし、最終段で裏から表目を編みながら伏せていきます。

リボン b色の糸2本どり。本体の両端の目はガーター編みのすべり目にし、最終段で裏から表目を編みながら伏せていきます。

※衿、リボンとも、減目、増し目は1目内側でします。

まとめ 身頃の肩はかぶせはぎに、脇はすくいとじ、袖はすくいとじした後、かぎ針で身頃に引き抜き編みでつけます。ボタン、リボンを指定の位置につけます。

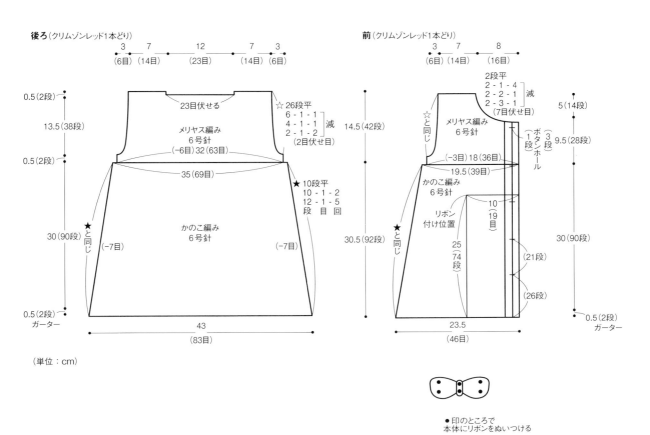
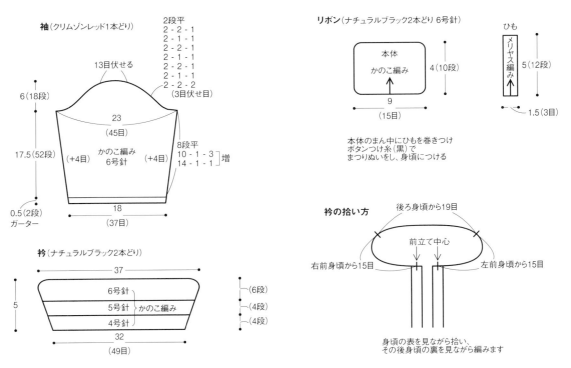

P コート

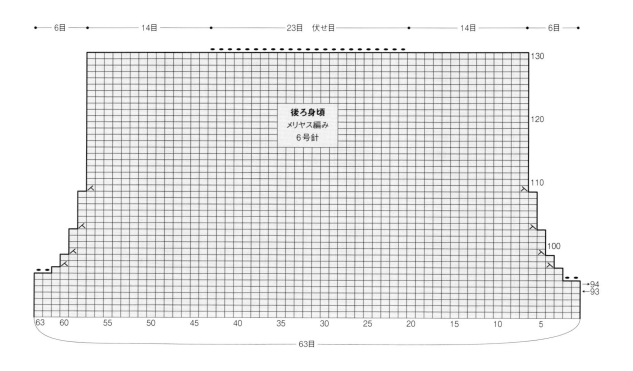

前身頃

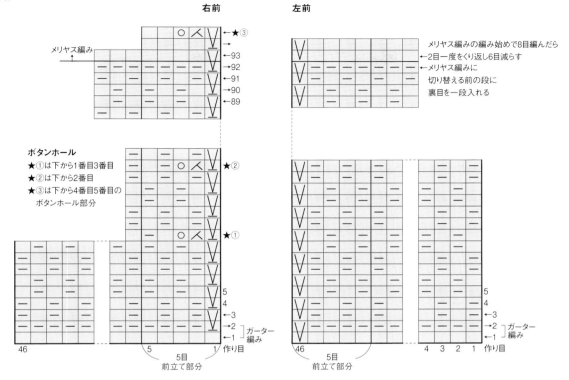

衿

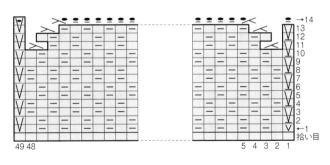

両端1目ガーターすべり目
減目は内目減目
最終段、裏から編みながら伏せる

リボン（本体）

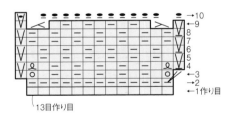

両端1目ガーターすべり目
増減目は内目増減目
最終段、裏から編みながら伏せる

□ = | 表目

ボタンのつけ方
2つ穴のボタン

バリオン・ステッチ4回巻きを
まずしてから
本体にボタンつけ糸でつける

バリオン・ステッチ

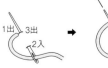 → →

巻きつけた糸を
指で押さえながら
針を抜く

p.29 Q ミトン

- **糸** ハマナカ アメリー（40g玉巻）
  - クリムゾンレッド（5）15g
- **用具** ● 4号、6号4本棒針
  - ● 4/0号かぎ針
- **ゲージ** かのこ編み 19目×30段＝10cm角
- **できあがりサイズ** 手のひら回り12cm 丈12cm

編み方

糸は1本どり、一般的な作り目をし、輪にして1目ゴム編みを編みます。
続けて、かのこ編みを編みます。親指穴には別糸を編み込みます。
先は減目をしながら編み、残った目でメリヤスはぎをします。
親指は別糸を抜いて、輪に拾い、かのこ編みで編み、最終段で2目一度にして残った目に糸を通して絞ります。
左手は親指の位置を逆にして編みます。

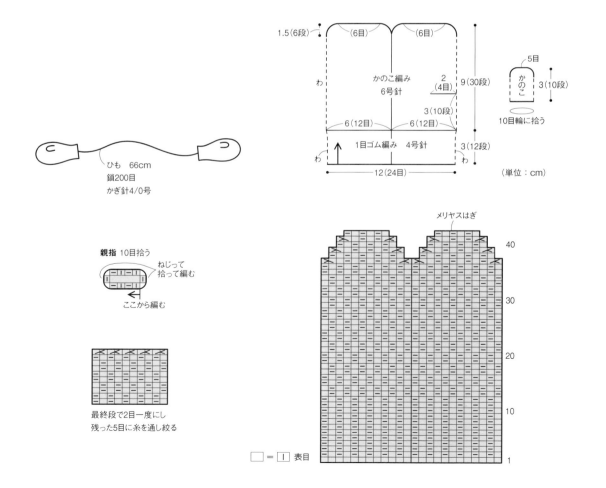

p.30 R ニギニギ

糸	ハマナカ ねんね(30g玉巻)
	[うさぎ] ●ピーチ(5) 8g
	●ベリートマト(14) 少々
	[くま] ●ミルク(1) 10g
	●ベビーネイビー(12) 少々

材料 ●綿 うさぎ3g、くま5g

用具 ●4/0号かぎ針

ゲージ 細編み 28目×32段=10cm角

できあがりサイズ
うさぎ 縦16cm×横9cm
くま 縦14cm×横9.3cm

編み方
図のように編み、2枚編んですくいとじをして綿を入れます。

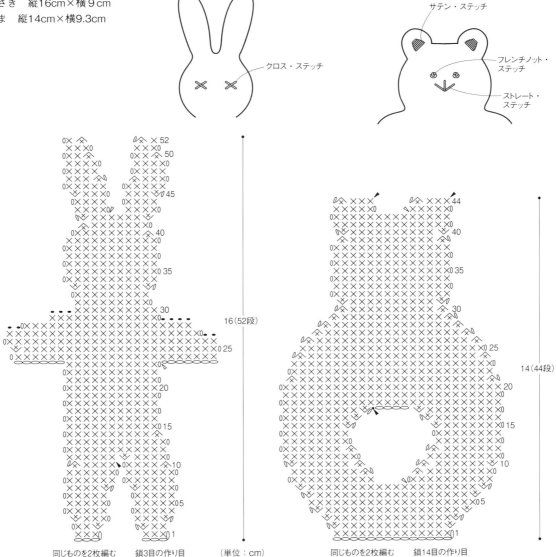

岡本啓子　Keiko Okamoto

神戸在住。ニットデザイナー、atelier K'sK主宰。「編」「縫」「繍」「織」「紡」の壁を越えて自由な発想の基にトレンドを意識した作品を展開。メーカー・出版社にデザイン、作品を提供。大阪・阪急うめだ本店にアンテナショップ「K'sK」出店。指導者として神戸、大阪、東京、横浜にアトリエK'sK編み物教室、ヴォーグ学園、各地の講習会で指導。全国に多くのファンを持つ。『岡本啓子のあみもの 棒針あみ』(日本ヴォーグ社刊)他、著書多数。

http://atelier-ksk.net/

● 素材提供
ハマナカ株式会社
http://www.hamanaka.co.jp
京都市右京区花園藪ノ下町2番地の3
FAX.075-463-5159
メール info@hamanaka.co.jp

● 撮影協力
AWABEES

● 協力
アトリエK'sK
TEL&FAX.078-452-1052

作品制作	佐伯寿賀子　澤田里美　鈴木恵美子 中川好子　宮崎満子　宮本寛子 浅本美代子　小林則子
撮　影	蜂巣文香
スタイリング	曲田有子
ヘアメイク	AKI
モデル	河原青良　河原季那 ハント ルナ(Awesome)
ブックデザイン	土屋裕子(株式会社ウエイド 手芸制作部)
トレース(編み図)	森崎達也　田村浩子　六鹿沙希恵 (株式会社ウエイド 手芸制作部)
トレース(基礎)	松尾容巳子(Mondo Yumico)
校　閲	高柳涼子
編　集	大野雅代(クリエイトONO)
進　行	鏑木香緒里

《読者の皆様へ》
本書の内容に関するお問い合わせは、お手紙または
FAX.03-5360-8047
メール info@TG-NET.co.jp
にて承ります。
恐縮ですが、お電話でのお問い合わせはご遠慮ください。
『デイリーからお出かけまで 毎日着せたいベビー♡ニット』編集部

※本書に掲載している作品の複製・販売はご遠慮ください。

デイリーからお出かけまで
毎日着せたいベビー♡ニット

2019年9月25日 初版第1刷発行

著　者	岡本啓子
発行者	穂谷竹俊
発行所	株式会社日東書院本社
	〒160-0022 東京都新宿区新宿2丁目15番14号 辰巳ビル
	電話 03-5360-7522(代表)　FAX 03-5360-8951(販売部)
	振替 00180-0-705733　URL http://www.TG-NET.co.jp
印　刷	三共グラフィック株式会社
製　本	株式会社セイコーバインダリー

本書の無断複写複製(コピー)は、著作権上での例外を除き、著作者、出版社の権利侵害となります。
乱丁・落丁はお取り替えいたします。小社販売部までご連絡ください。

©Nitto Shoin Honsha Co.,Ltd 2019.Printed in Japan
ISBN 978-4-528-02268-3 C2077